AF243340

SITUATION PRÉSENTE

DE L'ANGLETERRE,

Considérée relativement à la descente projetée par les Français.

Quels rochers, quels remparts deviendront leur asyle,
Quand Neptune irrité lancera dans leur isle
D'Arcole et de Lody les terribles soldats,
Tous ces jeunes guerriers, vieux dans l'art des combats?

CHENIER, *sur la mort du Gén. Hoche.*

A PARIS,

De l'imprimerie de VATAR-JOUANET, rue Cassette, N°. 913.

Et se trouve chez { DESENNE,
MARET,
les Marchands de Nouveautés.

An VI de la République.

AU PUBLIC.

Héritier des idées d'un marin célèbre, j'ai cru rendre à sa mémoire un hommage mérité, et à mon pays un service, en communiquant au gouvernement ses vues sur le projet de descente en Angleterre, qui faisait souvent la matière de nos entretiens. J'y ai ajouté quelques réflexions et quelques détails que la connaissance des localités et du métier de la mer m'avaient procuré. J'ai cru devoir y joindre un exposé vrai de la position actuelle de l'Angleterre, afin de démontrer que les chances du succès étaient calculées sur des bases non équivoques. Par suite de cette opinion, j'ai pensé que, dans un moment où les esprits sont tendus vers un événement que hâtent les vœux de tous les Français, la publication de ce mémoire pouvait être utile, ou du moins agréable. En conséquence, je me suis décidé à le livrer à l'impression.

A

Je prie le lecteur de vouloir bien se
rappeler que c'est un marin qui écrit, et
de me pardonner mes incorrections, en
faveur du motif qui m'anime.

SITUATION PRÉSENTE

DE L'ANGLETERRE,

Considérée relativement à la descente projetée par les Français.

Amicus Plato, amicus Aristoteles, sed magis amica veritas.

Chaque homme, que son existence rapproche des événemens politiques, a son opinion ; s'il la croit utile, il en doit compte. C'est pour payer cette dette à l'état, que j'émets aujourd'hui la mienne sur le projet de descente en Angleterre.

Je m'imagine que, pour donner une juste idée de l'état présent de cette nation, il est essentiel de la considérer sous divers rapports politiques.

1°. Celui de l'état avec les citoyens ;

2°. Celui de sa politique particulière ;

3°. Celui de sa position militaire ;

4°. Celui de son crédit et de ses finances;

5°. De l'esprit public qui la fait mouvoir, ou de son caractère national.

Depuis long-temps l'Angleterre rivalise avec la France en puissance, elle la surpasse en prospérité : ses manufactures fournissent toute l'Europe ; son commerce la rend l'entrepôt de l'Univers ; sa marine imprime fortement l'idée de sa supériorité chez toutes les nations commerçantes ; son influence politique, dans presque tous les cabinets de l'Europe, la rend, pour ainsi dire, maîtresse de diriger les grands événemens ; ses vastes moyens lui fournissent au moins la certitude d'en profiter, lorsque sa prudence a su les diriger ou les prévoir.

Sa position isolée, quoique voisine du continent, semble garantir son indépendance ; la forme de son gouvernement, vicieuse quant aux moyens qu'il emploie, n'en assure pas moins sa liberté individuelle ; et son esprit public, qui voit dans l'intérêt général le bien-être de chaque particulier, achève de rendre sa constitution un chef-d'œuvre machiavélique qui devrait assurer sa prospérité, si l'état et les particuliers faisaient entre eux l'échange de tous leurs moyens respectifs.

L'Angleterre, que la grande majorité de la France ne connaît presque point, toujours en

guerre avec nous, nous a paru une rivale dange-
reuse, et nous nous sommes accoutumés à la haïr,
sans presque la connaître, et simplement par
habitude. L'Anglais, au contraire, que nous ne
connaissons, dans l'intérieur de la France, que
par ses voyages, chez lequel nous remarquons
des vertus, de la générosité, et un jugement
sain, paraît estimable. Ainsi nous avons établi,
entre la nation et les individus qui la compo-
sent, une ligne de démarcation qui existe réelle-
ment, mais sous des points de vue différens de
ceux sous lesquels nous les considérons.

L'Angleterre, dont j'ai déjà esquissé le ta-
bleau, trouve dans son esprit national des
moyens que l'intérêt personnel, plutôt que le
patriotisme, lui fournit.

L'Anglais réfléchi, mûr de bonne heure, apprend la politique dès l'enfance. Chaque citoyen
se regarde comme membre de la famille, et,
comme tel, ayant le droit d'examiner si ses lois
sont justes, convenables au pays, au temps, et
aux circonstances : il en raisonne avec impartia-
lité, quand bien même il se trouverait indivi-
duellement froissé. Cette habitude de voir par
lui-même et de réfléchir, l'a convaincu de cette
grande vérité politique : que du bien général
résulte le bien particulier. Aussi l'expérience
nous prouve-t-elle qu'à l'approche du danger

tous les partis se taisent, les querelles intérieu-
res se suspendent, et la nation se présente en
faisceau pour y résister. Aussi a-t-on vu le commerce de Londres relever le crédit chancelant
de la banque, en s'empressant de prendre son
papier en échange des fonds nécessaires au service courant.

L'Anglais, né fier, probe, industrieux, tient
plus à son indépendance qu'à sa fortune ; l'idée
qu'il a de sa nation, de la supériorité que lui
donnent son commerce immense, son industrie
et ses manufactures, double, pour ainsi dire,
sa force par la confiance. Aussi, dans ce moment, graces à la sécurité affectée de son gouvernement, regarde-t-il la descente projettée
comme impossible ; il desire la paix pour son
commerce, sans beaucoup redouter la guerre ;
et il se déciderait, par esprit national, à la con-
tinuer, plutôt que de l'acheter par des condi-
tions auxquelles l'opinion qu'il a de sa position
imprimerait l'idée d'un traité désavantageux.
Par suite de ce caractère national, l'Anglais in-
dividuellement est franc et loyal dans ses opérations de commerce ; il abhorre le mensonge, et
cette conduite devient la base du crédit entre les
particuliers, duquel se forme par suite le crédit
public, seule ressource de son gouvernement en
finance. C'est la conviction intime que cet esprit

est général, qui ferme tous les yeux sur la profondeur de l'abyme creusé par le déficit, qui semble depuis si long-temps sur le point d'engloutir l'Angleterre. La confiance entre les particuliers, et entre ceux-ci et le gouvernement, est donc encore un moyen puissant, dont il peut tirer parti tant qu'il aura l'adresse de tromper la nation, et d'entretenir l'erreur dans laquelle il la maintient relativement à sa véritable position.

Le gouvernement, en Angleterre, a, pour ainsi dire, son intérêt à part, aussi paraît-il continuellement en lutte contre la nation; il est, si j'ose m'exprimer ainsi, comme l'entrepreneur général de tout ce qui regarde ses besoins. Sa politique, qui n'a rien de relatif au bonheur du peuple, et qui ne consulte que son intérêt particulier, lui fait prodiguer l'or et les crimes; rien ne lui coûte pour parvenir à ses fins; la violation de tout les droits naturels, l'infraction de tous les traités, l'abus de tous ses avantages envers les nations qui le rivalisent; tels sont les moyens avec lesquels le gouvernement anglais soutient son influence chez toutes les nations, je ne dirai pas de l'Europe, mais de tous les pays où l'intrigue et la corruption peuvent acheter des hommes. L'espionnage et la mauvaise foi sont les armes favorites et sûres auxquelles il a dû, jusqu'à présent, ses succès.

Passons maintenant aux rapports qui existent entre le gouvernement et les particuliers.

En Angleterre, comme chez tous les autres peuples, le gouvernement est le dépositaire actif des priviléges et de la liberté de la nation ; il perçoit et dépense les impôts pour garantir l'un et l'autre. Aucune constitution n'assure, d'une manière plus positive que la sienne, les droits du citoyen, et les obligations du souverain. Cependant aucun peuple n'est asservi d'une manière aussi inévitable à la volonté de son gouvernement. L'Anglais, content de coudoyer, comme un simple particulier, l'héritier présomptif de la couronne; enflé de la prospérité apparente de l'état, et qui n'est qu'illusoire aux yeux du penseur; rassuré sur la crainte de son asservissement, par la lutte établie dans son Parlement entre ses représentans et le parti de la cour, croit à sa liberté, et voyant de bonne foi les choses comme elles ont l'air d'être, il finit par prendre, pour l'expression de la volonté générale, une loi achetée par le ministère, qui solde également et le parti de l'opposition et le sien : il regarde alors cette loi comme partie intégrante de sa constitution, à laquelle il attache l'idée de son indépendance. C'est ainsi que, caché derrière la toile, le Chancelier de l'Echiquier dicte à prix d'or ses volontés, et c'est par le spectale de cette lutte

vaine et ridicule, et divers autres tours d'esca-
motage, qu'il était parvenu à maintenir son crédit parmi le peuple Anglais, au même point où il
était avant la guerre, et même à l'augmenter
par l'adresse avec laquelle il a su rapprocher
les particuliers du gouvernement. Sa conduite
adroite à l'égard du peuple, auquel il n'annon-
çait jamais une mauvaise nouvelle, sans en avoir
une bonne à lui apprendre pour la contrebalancer; le hasard qui permettait que les événemens lui fournissent cette resssource, augmen-
taient encore sa popularité. Mais aujourd'hui
elle est tellement diminuée, qu'à peine ose-t-il
se montrer en public.

L'empire du gouvernement anglais sur les particuliers est donc fondé sur la facilité qu'il a
de les tromper, et sur la connaissance de l'esprit
de la nation, et de l'invariabilité de son caractère; et c'est ce qui lui a, jusqu'à présent, assuré
la durée de son pouvoir. Par exemple, le peuple
se soulève-t-il contre tel ou tel homme en place
à cause de la lésion qu'il commet? le gouvernement s'empresse de le sacrifier, mais il garde son
plan, qu'il remet ensuite entre les mains de son
successeur, s'il le croit utile à ses vues; et le
peuple, qui ne sent bien vivement que ce qui
le frappe au présent, qui n'induit rien du passé,
et ne préjuge rien sur l'avenir, content du sacri-

fice qu'il vient d'exiger, se retire jusqu'à ce qu'un nouvel abus de l'autorité opère une nouvelle plainte, et nécessite la répétition de cette comédie. C'est ainsi que le peuple Anglais est en quelque sorte le jouet de son gouvernement. Néanmoins l'idée qu'il a de sa dignité suffit pour contenir celui-ci dans de certaines bornes, par la crainte que l'abus ouvert de l'autorité n'attirât les regards, et ne démontrât évidemment l'asservissement de la nation, qui croit agir par elle-même, et qui ne fait que céder à l'impulsion adroite du ministère. C'est cette raison qui entretient les égards du gouvernement envers le peuple, qui le force de veiller à sa prospérité, de lui présenter l'aspect d'une nation heureuse et indépendante ; c'est cette raison qui fait que le gouvernement encourage l'industrie nationale, et protége l'agriculture, qui, dans ce moment, se trouve portée en Angleterre à un point de perfection qu'elle n'a point encore atteint chez les autres nations.

Encore un lien qui rapproche les particuliers de l'état, c'est l'égalité de la loi pour tous, et la considération uniforme pour toutes les professions, excepté celles qui, par elles-mêmes, sont déshonorantes ; en un mot, ce qui lie les particuliers à leur gouvernement, en Angleterre, ce sont les rapports directs et fréquens, et l'enchaînement de toutes les parties de l'administration publique avec les affaires particulières, cette liaison intime présente l'Angleterre, suivant les temps et les diverses circonstances, tantôt comme un peuple de législateurs s'occupant du bonheur public, tantôt comme une nation entièrement commerçante, tantôt comme une compagnie de financiers supputant une opération de banque; enfin, l'approche d'un danger lui donnera l'attitude fière d'un insulaire indépendant, et ses flottes couvriront les mers. Mais ce qui, plus que tout, assure le succès des opérations tentées par le gouvernement, c'est l'esprit de calcul de son cabinet.

Entreprend-il une opération majeure? il la démembre et va la sonder jusques dans ses plus petits détails; il compare ses dépenses futures avec l'état de ses finances, ou le moyen de s'en procurer. La certitude de ne point manquer d'argent, devient la baze de son opération, il balance ensuite ses dépenses avec l'avantage qu'il compte en retirer, ou le mal qu'il peut faire à son ennemi, et il renoncera plutôt à son opération, que de compter sur le hazard pour l'exécution de son entreprise. Tel est en grand l'esprit qui dirige le gouvernement anglais, telles sont les ressources que lui présentent ses rapports directs avec les particuliers. Maintenant je vais traiter de son crédit et de ses autres moyens, et je finirai par envisager sous un seul point de vue l'état avec les particuliers, afin de pouvoir considérer la nation en masse, et prendre une juste idée de la résistance qu'elle peut opposer; car c'est sous ce rapport qu'il m'est important de la présenter.

Le crédit de l'Angleterre est encore considérable malgré son déficit; et cependant qu'on ne s'imagine pas qu'il soit le résultat du patriotisme. Non, l'intérêt personnel, la sottise, et la cupidité, sont les seules bases du crédit du gouvernement anglais. Je vais suffisamment le prouver par le mode même d'exécution de l'emprunt.

Il n'est point de spéculation aussi sûre que celle des souscripteurs; ils sont ordinairement propriétaires d'une grosse somme dans les fonds publics. Comme, à l'approche de l'emprunt, le gouvernement cherche à les faire monter, afin de vendre plus cher les nouveaux fonds consolidés, ceux-ci concourent un moment à la hausse que fait opérer le gouvernement. C'est alors qu'ils réalisent, l'emprunt s'ouvre, la baisse s'opère. Ils reçoivent ensuite du gouvernement les *scribs* à un taux inférieur à celui de la bourse. Cependant la confiance qu'ils viennent d'inspirer en l'accaparant tout entier, fait que l'ignorance, ou la cupidité, encouragée par la hausse

momentanée qui vient d'avoir lieu, se préci-
cipite en foule pour placer à un taux qui paraît
avantageux ; elle fait encore monter, par conséquent, elle augmente le bénéfice des entrepreneurs qui s'empressent de leur côté d'en
profiter pour revendre. Sont-ils couverts? la sta-
gnation produit une baisse d'autant plus forte, que
la dette s'est accrue , c'est alors qu'ils rachètent
à bénéfice les mêmes fonds consolidés qu'ils
ont vendus au commencement, et souvent cette
opération double leur avoir. Ainsi donc la confiance qu'inspirent les entrepreneurs, est un
moyen dont le gouvernement se servira pour
attirer dans le piège ceux que l'ignorance et
l'appât du gain aident à séduire, jusqu'à ce
que le montant des intérêts de la dette, excé-
dant le revenu, et les ressources ruineuses qu'il
peut se procurer, il ne puisse plus payer les
intérêts. C'est alors que la banqueroute aura lieu,
et j'oserais presque prédire, pour cette époque
non éloignée, le renversement du gouvernement
anglais. Ce qui facilite encore les entrepreneurs,
c'est le moyen de remplir leurs engagemens. On
souscrit pour une somme dont on paye un tiers
comptant. Ce tiers, sur-le-champ dépensé par le
gouvernement en paiement de son arriéré, est
quelquefois de retour entre les mains du prêteur
avant que le second terme arrive ; il en est de

même pour le troisième. La rapidité de la circulation du numéraire produit cette facilité, et quinze jours après l'emprunt, comme l'argent ne sort pas du pays, il s'y retrouve dans les mêmes mains d'où il était parti. Ainsi donc la dette s'est accrue, et les particuliers n'en sont, pour ainsi dire, pas moins riches, puisque l'or qu'ils avaient fourni leur est rentré ; seulement ceux-ci ont de bénéfice leur créance sur l'état.

Le commerce fournit encore des moyens de crédit au gouvernement, car même dans ce moment où celui de l'Angleterre est dans une position désavantageuse relativement à lui-même, puisque ses magasins regorgent et que ses débouchés sont interceptés, la balance est en sa faveur, et l'or de l'Europe vient s'y rendre. La hausse du change sur Londres dans l'étranger, et la baisse de celui-ci à Londres, prouvent suffisamment ce que j'avance. En sorte que l'Anglais peut, pour ainsi dire, remplir un emprunt en marchandises ; et, comme son pays en regorge, il est facile d'en induire cette vérité : que le commerce facilite étonnamment les emprunts. Il serait naturel de placer ici les colonies de l'Angleterre et sa banque parmi les ressources de son crédit ; mais je considère la situation de ses colonies comme trop précaire et trop éloignée pour pouvoir lui fournir des secours prompts. Quant à sa banque, je suis loin de partager l'opinion générale à son égard, car je doute qu'elle puisse jamais lui en procurer de réels. Je suis convaincu que n'eût-elle aucun autre ennemi à redouter, l'heure de sa révolution financière arrive, et elle entraînera la chûte du gouvernement dans son déficit.

Depuis long-temps ce superbe établissement, par une avidité mal calculée de ses actionnaires, a laissé le gouvernement s'emparer de toutes ses ressources, qui consistent aujourd'hui en grande partie dans ses créances sur l'état; en sorte qu'elle est devenue pour lui une caisse auxiliaire, dans laquelle il puise à pleines mains sans jamais rien y remettre; et bientôt l'émission de son papier sera telle, si elle ne rompt promptement les chaînes qui la retiennent, que l'on ne voudra plus le recevoir au pair. La nation déjà alarmée par le bill qui la força de suspendre ses paiemens en numéraire, et qu'elle avait sollicité de la cour lors de la descente des galériens, se présentera en foule pour être remboursée. La banque ne pouvant satisfaire les demandeurs, sera forcée de mettre son bilan sous les yeux de la nation; chacun pourra voir alors où s'est englouti la somme immense de son déficit, et par conséquent le gouvernement, qui ne sera plus aidé par elle, dont le crédit sera de beaucoup diminué, ne pourra plus faire face aux intérêts de la dette, et se verra forcé de déclarer la banqueroute. Examinons quelles en seront les suites par rapport à l'état et à la masse de la nation. D'abord, le renversement du gouvernement, à moins que la crainte d'un grand danger n'attire fortement tous les yeux, et ne fasse regarder, comme un moyen sûr de l'éviter, la remise d'une forte partie du capital ou des intérêts de la dette. Car entre deux maux dont l'un serait inévitable, il est naturel de préférer le moindre.

Quant aux particuliers ou à l'état en général, rien ne peut être pour lui plus avantageux. En effet, quel est celui qui paie les énormes intérêts du déficit ? n'est-ce pas l'industrie nationale en masse, et chaque citoyen en particulier ? La banqueroute soulagerait tout d'un coup le peuple de l'énormité des impôts, et par conséquent fournirait à son nouveau gouvernement les moyens d'économiser pour les temps difficiles, ou les guerres qu'on ne peut prévoir. D'ailleurs, peu de particuliers seraient entièrement ruinés. D'abord, les propriétaires de la dette forment une petite masse, en la comparant au reste de la nation ; ensuite, il est assez d'usage en Angleterre de n'avoir qu'un tiers de sa fortune dans les fonds publics ou sur la banque. Par consé-

quent,

quent, le seul mal que la banqueroute opérât en Angleterre sur les particuliers, serait de diminuer la fortune de quelques - uns, déjà riches, tandis qu'elle améliorerait le sort du reste de la nation. Aussi, ne suis-je point de l'avis de ceux qui disent : ruinons le crédit de l'Angleterre, et faisons lui faire banqueroute ; car si le gouvernement résistait à cet échec, il serait, ainsi que la nation, plus riche que jamais ; il aurait échangé son crédit ruineux contre des revenus certains, et sur lesquels il pourrait économiser, même en diminuant les impôts ; et les particuliers se trouveraient infiniment soulagés , puisqu'ils n'auraient plus à payer les intérêts de la dette. Je regarde donc comme dangereux de forcer l'Angleterre à la banqueroute pendant la guerre ; car, dans l'incertitude de savoir si le gouvernement ne viendrait pas à bout de tranquilliser les esprits dans l'intérieur, en leur présentant l'invasion des Français comme inévitable sans cette mesure, ce serait hazarder la presque certitude qu'avec un peu de patience nous verrons , lors de l'événement, son gouvernement détruit par les mécontens auxquels ne manqueront pas de se joindre les partisans de la nation Française, dès que celui-ci ne pourra plus détourner leur attention sur les malheurs qui les menacent, et les engager à acheter la sécu-

B

rité par ce sacrifice. Ainsi donc je regarde en ce moment la banqueroute certaine de l'Angleterre, comme une crise qui peut ou sauver ou perdre le gouvernement suivant la disposition des esprits et l'influence des divers cabinets de l'Europe intéressés à cet événement.

Je vais maintenant traiter de sa situation militaire.

La situation militaire de l'Angleterre est aussi meilleure qu'on ne le croit généralement en France, relativement au nombre de ses forces. Ses troupes de terre sont composées de quarante-cinq mille hommes de cavalerie, et malgré le *bill* du Parlement qui porte à 40,000 hommes seulement les forces des trois royaumes, elle a plus que doublé son infanterie. Avec une pareille armée dans un pays qui regorge de tout et ressemble à un vaste magasin, avec des troupes bien vêtues, bien nourries, bien équipées, bien payées, bien disciplinées en temps de paix, on s'imaginera que l'Angleterre est invincible en temps de guerre, sur-tout si l'on se rappelle ce que j'ai déjà dit plus haut des ressources de son gouvernement, et de son esprit national. Point du tout, l'Anglais, né pour la mer, adroit et intrépide sur cet élément avec lequel sa position l'a forcé de se familiariser, n'est soldat que pour la forme, sans en avoir les qualités ; il résiste difficilement aux privations, presque point à la fatigue, et jamais à l'arme blanche. La guerre d'Amérique prouve ce que j'avance ; enfin s'il fut vraiment soldat à Fontenoi, l'on sent qu'un seul exemple de désespoir ne peut contrebalancer tous ceux que nous fournit l'histoire des guerres passées, et même celle de la présente.

J'ai vu nos soldats à l'armée du Nord s'écrier en appercevant les Anglais : » Camarades, ce » sont des rouges, dépêchez-vous si vous voulez » les voir. « En effet jamais ils ne tenaient, même au feu. C'est cependant moins par lâcheté qu'ils fuient, que par défaut d'habitude de faire la guerre sur terre, et parce que leur complexion semble moins propre à ce métier, que celle des peuples du continent.

La nature qui fait tout à propos, pour les dédommager de leur position isolée, leur a donné les moyens de franchir les limites qu'elle leur avait elle-même posées, mais elle ne leur a point accordé, comme à nous, les qualités du soldat, et la supériorité de leur marine se trouve ainsi balancée par la nôtre sur terre.

Il n'entre point dans l'esprit du soldat anglais que cinquante mille hommes puissent se joindre au pas de charge, et il regarde la bayonnette plutôt comme l'ornement de son fusil, que comme une arme offensive. En 1793, ils fussent

B 2

entrés dans Dunkerque, si douze cents hommes, qui la leur présentèrent, ne les eussent arrêtés. Ils reprirent alors les règles méthodiques de l'ancienne guerre, et bombardèrent savamment la ville, qu'ils eussent emportée de vive force, si deux ou trois cents hommes se fussent exposés à se faire éventrer.

L'esprit de corps, chez l'Anglais, contribue encore à en faire un mauvais soldat ; cet esprit l'isole, pour ainsi dire, de la société ; il est engagé pour la vie, et dès qu'il est soldat, il ne se sert plus de la justesse de son jugement qu'au détriment de l'état. Il sait qu'on lui doit sa paie, son vêtement et sa nourriture ; qu'il manque de l'une de ces choses, il est prêt à se révolter, ou tout au moins il demeurera dans l'inaction. Ainsi donc l'attitude militaire de l'Angleterre, dans ce moment, est-elle plutôt destinée à rassurer la nation, et à présenter des difficultés apparentes à la France, qu'à garantir les inquiétudes du gouvernement. Le peuple Anglais, trompé par Pitt, et rassuré par toutes ces mesures, est dans la sécurité par rapport à la descente ; mais le gouvernement tremble, et l'expérience des deux frayeurs de la nation lors du débarquement des galériens dans la principauté de Galles, et de la descente à Bantry, nous prouve qu'elle n'est point en état de nous résister ; et j'ai l'intime conviction que Jersey et Guernesey seraient plus difficiles à prendre, avec des forces proportionnées , que toute l'Angleterre à soumettre. Lors du débarquement des galériens , un tel effroi s'empara de tous les esprits , que la consternation et le désordre furent aussi grands , que si cinquante mille Français eussent assiégé Londres. Qu'ils y débarquent, et je prédis au gouvernement anglais son renversement, et à la nation sa liberté.

De l'Administration Militaire.

L'administration militaire est , en Angleterre, lourde et entravée par les formes ; ils ne connaissent aucunes de ces mesures promptes, que commandent le génie et les circonstances , et que le succès justifie presque toujours. Condamnés par l'usage à suivre la routine de leur vieille administration, qui n'a pas été réorganisée de notre siècle , ils laisseraient languir leurs troupes de besoin, à côté d'une caisse civile qui regorgerait , à moins que leur chef n'eut des pouvoirs illimités. C'est ainsi que les plus sages institutions dégénèrent en vice , quand on ne sait pas les modifier, suivant les circonstances. La sévérité de la loi , sur l'inviolabilité des personnes et des propriétés, entraîne, en Angleterre, une responsabilité personnelle qui produit l'inconvénient dont je viens de parler, et cette responsabilité, est telle qu'elle s'étend même jusqu'aux événemens. On a vu des chefs intrépides et attachés à leur pays, payer de leur tête une défaite, fruit du hasard, ou causée par la supériorité du nombre. Aussi, personne ne sort-il des bornes qui lui sont prescrites par ses fonctions; et cet esprit, qui annonce la discipline et une grande civilisation, peut, comme je l'ai dit, occasionner de grands malheurs par la lenteur et la méthodicité de leurs opérations, qui sont toutes combinées d'avance, ce qui les expose souvent à manquer leur but. Ainsi donc l'administration militaire, loin d'être, comme en France, le nerf de l'armée, sert plutôt à la paralyser, et dans ce moment surtout, où la rapidité avec laquelle les Français renversent les obstacles est si éloignée de leur lenteur à opérer, ils n'auront que leur étonnement à opposer à une vivacité dont ils ne sont point susceptibles, et qu'ils ne supposent pas à leur ennemi.

Des forces navales de l'Angleterre.

Ce qui enfle l'orgueil de l'Angleterre, la source de sa puissance et de sa prospérité; ce qui d'un état nul, pour ainsi dire, dans la balance de l'Europe, l'a élevée au rang des premières puis-

sances, c'est sa marine commerçante et militaire,
aujourd'hui supérieure à toutes celles de l'Europe ensemble. L'Angleterre compte six cents
voiles de guerre dans ses ports, parmi lesquelles
plus de cent vaisseaux de ligne. Ses bâtimens
marchands, quoique pour la plupart petits, sont
innombrables, et l'Angleterre peut fournir presque autant de matelots que de citoyens; son armée
de mer excède deux cent mille hommes; ses matelots sont intrépides, savent à fond leur métier;
ses officiers sont instruits, connaissent la tactique
militaire, et joignent au sang froid anglais, l'habitude d'un élément sur lequel ils existent dès
l'enfance; en un mot, l'orgueil national, qui
s'attribue le sceptre des mers, en fait des lions
dans le combat, sur-tout contre les Français que
la haine et la rivalité de plusieurs siècles leur
apprend à regarder comme des ennemis mortels.

Malgré tous ces avantages, leur supériorité
sur mer, en ce moment, n'existe point relativement à une différence de courage ou de talent
entre les deux nations, mais bien relativement
au nombre de leurs forces respectives et aux
malheurs qui ont accablé notre marine. Trop
occupés d'une guerre par terre contre presque
toutes les puissances de l'Europe, nous avons
été forcés de suspendre la vengeance nationale
qui va se diriger aujourd'hui contre ce peuple que

nous ne pouvions alors ni vaincre ni redouter.

En effet, rarement à forces égales l'Anglais l'a - t - il emporté sur nous, sur - tout dans les combats partiels. Malgré la supériorité de sa manœuvre et de son grément plus simple que le nôtre, malgré la légèreté de ses bâtimens qui sont en général plus faibles d'échantillon, mais mieux construits , et excellens voiliers. Il a presque toujours été battu dans des engagemens particuliers. J'attribue ce désavantage des Anglais à la manœuvre plus lente de leur artillerie, et à l'infériorité du nombre.

La réunion de leurs vaisseaux en escadres, sur-tout lorsque l'inquiétude causée par l'ennemi tient le gouvernement dans l'incertitude des lieux où il doit diriger ses forces, et livre le matelot à l'oisiveté dans le port, leur a presque toujours été funeste.

L'Anglais , sujet à la presse, et forcé de devenir marin malgré lui ; le matelot arraché par force au commerce qui le paye mieux que l'état, se voit toujours à regret au service de la marine militaire. Le loisir, l'usage des boissons fortes, la fermentation inséparable d'un rassemblement de mécontens, produit presque toujours alors un soulèvement ou des demandes de réforme et d'amélioration de leur sort.

On a vu plusieurs fois le gouvernement dans

l'alternative de céder à son escadre, ou d'encourir, par la sévérité d'un exemple, les risques d'une sédition générale et capable d'occasionner une révolution. C'est ce qui a eu lieu pendant cette guerre, lors de la révolte dont Parker fut le chef. Si pendant sa durée la descente des français eut été tentée, ils n'eussent rencontré sur la mer aucun obstacle, et l'Angleterre tiraillée par différens partis, ne leur eut opposé que des efforts impuissans.

Je ne m'étendrai pas davantage sur ce qui concerne leur marine. J'ai voulu seulement indiquer leurs forces. Les malheurs inséparables de la révolution, la perfidie des Toulonnais, et nos occupations à l'extérieur, nous ont fait négliger notre marine, et nous ont mis hors d'état, pour le présent, de rivaliser avec eux. Je me contenterai de dire que leur administration maritime est aussi parfaite que leur administration militaire est vicieuse; que leur marine, dirigée par les lords de l'amirauté, peut entreprendre tout ce dont le talent et l'expérience doivent assurer le succès; j'ajouterai que le gouvernement n'oublie rien pour la porter au degré de supériorité dont elle est susceptible; que ses magasins sont fournis, et qu'il met tout en œuvre pour éviter les mécontentemens du matelot, auquel il présente, comme un asyle assuré dans sa vieillesse, la superbe retraite qu'il leur a fait bâtir exprès sur les bords de la Tamise, pour enflammer le zèle de chaque matelot qui l'admire comme un palais en montant et descendant la rivière. En un mot, s'il ne nous restait d'autres moyens d'abaisser cette nation superbe, et d'achever la paix glorieuse de l'Europe, que de la vaincre sur mer, je regarderais cette entreprise comme impossible pour le présent, et éloignée pour l'avenir.

Maintenant que j'ai présenté, pour ainsi dire, toutes les ressources que l'Angleterre peut développer, je vais les rassembler, les comparer à ses côtés faibles, et voir quels moyens plus prompts de ruine, pour eux, et d'avantages pour nous, fournira cette comparaison.

Il est facile d'induire de ce que j'ai dit au commencement de cet ouvrage, que l'adresse et la fourberie sont les seuls supports du gouvernement parmi la nation, puisque ce sont ses moyens d'extorquer la confiance ; et peut-être, si l'attention générale n'était détournée par l'orgueil national que blessent en ce moment des considérations extérieures, et la crainte que nous leur inspirons, loin de se rapprocher du gouvernement, verrions-nous les particuliers lui demander compte de la corruption qu'il emploie, et des crimes qu'il commet tous les jours contre l'humanité, et dont la nation partage l'odieux ; car en Angleterre même, on frémit au recit de la trahison affreuse des émigrés à Quiéburon ; et les philosophes de ce pays n'ont point entendu, sans indignation, le ministère Anglais, parlant du massacre de ceux qu'il avait armés contre leur patrie, dire, en plein Parlement : *c'est autant de Français de moins.* En un mot, les gens éclairés commencent à s'appercevoir que le gouvernement a sa politique à lui seul, séparée des intérêts de la nation, guidée par le desir d'influencer les grands évènemens, pour en profiter, dont tous les vices sont les ministres, et dont la nation fait tous les frais.

Nous pouvons donc en conclure que, malgré l'apparence, le gouvernement anglais n'est pas aussi solide qu'il le semble en ce moment, puisque la confiance qu'il inspire n'est fondée que sur l'erreur, et qu'on ne s'est rapproché de lui que par des considérations extérieures.

Secondement, que l'enchaînement de tous ses moyens est tel que, l'un venant à lui manquer, il perdra successivement tous les autres ; car s'il n'a plus d'influence sur l'esprit national, il ne pourra plus le tromper, et s'il ne peut plus le tromper, comment empruntera-t-il ? Et s'il n'emprunte plus, comment empêchera-t-il la banqueroute ? C'est alors que ses armées de terre et de mer se révolteront, et renverseront le gouvernement, à moins, comme je l'ai dit plus haut, que la crainte d'un grand danger ne fasse supporter des sacrifices qui, dans tout autre temps, ne pourraient être commandés que par la confiance.

L'Angleterre, dira-t-on, a dans ce moment sur pied des troupes considérables; mais, sans répéter ce que j'ai dit plus haut, des vices de son administration militaire, combien peu le gouvernement doit-il compter sur des troupes mauvaises par elles-mêmes, et réduites, par leur engagement à vie, à un esclavage perpétuel? Je me contenterai d'observer d'ailleurs que ces forces , tout imposantes qu'elle paraissent, sont bien faibles, en les supposant dispersées sur les divers points attaquables de la circonférence de leur isle.

Quant à ses escadres, plus forte que nous par sa marine, nous devons chercher à les éviter, et dans cette saison , rien n'est plus facile. Quant aux particuliers , un septième environ de la nation Anglaise attend avec impatience le moment où les Français , dispensateurs de la liberté, débarqueront avec elle dans leur isle, et viendront les arracher au machiavélisme de leur gouvernement.

Il se présente donc deux moyens naturels et simples de renverser le gouvernement anglais, l'un politique, et l'autre militaire ; le premier consisterait à éclairer tous les esprits sur leurs véritables intérêts, et à profiter de la banque-route, lorsqu'elle aura lieu, pour les diriger suivant les circonstances ; mais celui-ci serait peut-être incertain ou éloigné ; le second, sûr et plus prompt, convient mieux à la nation française ; d'ailleurs, c'est ici la querelle de Rome et de Carthage ; des moyens lents ne répondraient point à la haine et à la vivacité de nos troupes : c'est avec la bayonnette qu'il faut aller demander à l'Angleterre compte de ses crimes ; et si, tandis que le tocsin de la liberté sonne contre eux des quatre extrémités de la France, il existait une ame froide ou égarée par son parti, qui fermât l'oreille aux cris de l'indignation et de l'humanité violée ; me servant de sa propre opinion contre lui-même, je le traînerais, malgré ses efforts, sur la plage de Quiéburon, à travers les restes fumans de la Vendée ; là, je lui montrerai les ossemens des milliers de victimes sacrifiées par eux à l'orgueil et à l'ambition ; là, je lui dirai : Toi, que l'erreur a séduit, reconnais-la pour l'abjurer ; ou, si tu veux y persister, fais du moins une fois servir ta haine au bien de ton pays : il n'est plus d'esprit de parti ; c'est l'humanité qui supplie. Le sang de tant de malheureux, vendus par leurs

bourreaux, crie vengeance à tous les peuples.
Et nous, qu'ils avaient trahi, maintenant que
la mort a payé leur erreur, nous la leur devons;
ils étaient hommes. Ne laissons donc pas sub-
sister plus long-temps ce repaire voisin de fli-
bustiers dévastateurs, dont les flottes bloquent
nos ports et interceptent nos communications ;
et pour le bien de l'Univers, ensévelissons la
mémoire de tant de crimes, et d'un tel sys-
tême d'immoralité, sous les débris de son gouvernement.

Que le signal de la descente soit donc pour
lui le signal de sa ruine, et pour le peuple,
celui de sa liberté. Accourez, soldats français,
venez venger Toulon, votre marine, et la déso-
lation de votre commerce ; venez briser les fers
de vos malheureux compatriotes que l'avarice
anglaise condamne à souffrir les horreurs de la
faim dans les ténèbres de ses cachots ; que la
victoire, compagne inséparable de votre général, réserve au gouvernement la foudre, et à la
nation l'olivier de la paix ; et puissiez-vous, bientôt rendus à nos vœux et à vos foyers, par un glo-
rieux retour, y jouir de vos succès et des bienfaits
que la reconnaissance nationale vous prépare.

BIBLIOTHEQUE NATIONALE DE FRANCE